Bibliothèque des Temps Nouveaux

A M. ÉMILE ZOLA

PAR

CHARLES ALBERT

Prix : 10 cent.

Numéro 12

1898.
ADMINISTRATION
, rue des Éperonniers, (Centre).
BRUXELLES

Bibliothèque des Temps Nouveaux

A. M. ÉMILE ZOLA

PAR

CHARLES ALBERT

Numéro 12

1898.
ADMINISTRATION
51, rue des Éperonniers, (Centre).
BRUXELLES

A M. Émile Zola.

On ne saurait le méconnaître sans mauvaise foi : vous venez d'offrir un beau spectacle aux hommes de notre temps.

Fort de votre conviction, vous l'avez soutenue sans démordre, contre tous. En une lettre qui ne sera pas la moins belle de vos œuvres, vous accusez deux ministres-généraux, plusieurs officiers, membres des conseils de guerre, et l'état-major au grand complet de fraude, mensonge et imposture. Et puis vous réclamez la cour d'assises et vous savez l'obtenir. Tout ceci est d'une beauté d'allure peu coutumière à notre époque, où, dans la terreur du coup de chien brutal, l'opinion se meut au doigt et à l'œil des chefs de troupes et de police, gardiens de l'ordre.

Mais si votre attitude m'a ému jusqu'au

désir de vous l'écrire, c'est pour avoir réveillé en moi des rêves souvent rêvés, réchauffé des illusions éteintes.

Illusions et rêves communs à tous les affamés de bonheur social, à tous les impatients de justice. Aux heures où sous le voile des événements qui la cachent l'évolution nous désespère de sa lenteur, qui n'a pas souhaité voir toutes les forces actuelles, bonnes ou mauvaises, matérielles ou morales, d'un mot tout ce qui est puissant apporter dans le combat révolutionnaire l'appoint de sa puissance ? Nous, dont les propagandes s'alimentent surtout aux oboles des travailleurs, nous avons rêvé de l'idée éclosant en le cerveau de quelque milliardaire et de tout cet or mis soudain au service de notre cause. Nous avons rêvé, aussi, de l'aide que nous pourrait être le prestige des richesses intellectuelles accumulées. Nous imaginions le grand savant, le grand artiste, le grand écrivain profitant de la foule déjà groupée autour de lui pour jeter des paroles de vérité sociale et de révolte. Et nous supputions le profit inespéré de telles initiatives. Et nous pensions qu'elles seraient capables — pourquoi pas ? — de barrer la route aux grands fléaux modernes, qu'un jour on verrait peut-être, ici ou là, des intelligences d'élite se révolter contre la guerre ou la peine capitale ou telle autre survivance des barbaries révolues et que les puissances temporelles n'oseraient résister, incertaines si la victoire — dans cette lutte engagée devant l'opinion — serait à l'esprit pensant ou à la force brutale.

Or, c'est quelque chose d'analogue que vous

tentez. Votre renommée, force improductive jusqu'ici et qui dormait autour de vous, féconde seulement en émotions egoïstes et en joie d'orgueil, vous avez voulu la faire servir à quelque chose. Vous l'avez ramassée toute en votre main et vous en êtes servi comme d'un porte-voix afin de mieux faire entendre ce que vous croyez utile pour la vérité. Certains penseront que vous aviez largement payé votre tribut social en conviant la foule aux fortes émotions d'art. Vous n'avez pas cru de même. Vous avez voulu identifier l'homme et l'artiste, ces deux faces du même être — si souvent dissemblables, hélas! Et votre inspiration fut bonne, car je ne sais rien de plus touchant, de plus noble, en sa puissante logique, que le spectacle de cette force, la gloire, fille de l'art et du beau, venant se mettre au service du bien.

Et justement, parce que vous inaugurez, comme un excellent exemple, ce courageux usage de la notoriété, nous voudrions vous voir comprendre de la façon la plus large et remplir jusqu'au bout ce devoir social. Certes, je ne dis pas que ce soit rien, l'innocent arraché aux griffes des bourreaux, ni l'âpre entêtement pour la lumière. Cela eût suffi en d'autres temps. Mais cela ne suffit plus au nôtre, en ce siècle d'énorme enfantement où les principes d'une vie nouvelle surgissent des ténèbres, en quête de bouches courageuses pour les formuler, de cœurs généreux pour les défendre.

Vous accusez celui-ci et celui-là. Vous désignez les coupables par leurs noms et ce sont des noms d'hommes. Sans colère et sans haine vous êtes-vous demandé pourquoi et comment ces hommes sont coupables? Au cours de votre réquisitoire, vous expliquez la première phase de cette affaire Dreyfus par une intrigue de coterie toute puissante, jalousie ou zèle d'ambitieux désœuvrés, comme une crise d'hystérie militaire. Cela déjà eût dû vous induire à rendre responsables de ces hontes, non pas telles individualités perverses, tels officiers oublieux du devoir, mais l'institution elle-même, vieillie, et déchue, immobilisant des énergies à d'inutiles besognes, conférant sans nécessité d'effroyables pouvoirs et, ainsi, génératrice d'abus criminels et de lâchetés. Et pourquoi laisser croire que toute la malfaisance militaire se soit cantonnée dans les Bureaux? Tandis que ces messieurs de l'état-major complotaient la mort d'un des leurs à l'aide des machinations noires et des perfidies si bien racontées par vous, que faisaient leurs collègues des régiments? Trop de gens au retour des casernes nous l'ont appris pour que vous ne le sachiez pas. Les uns trafiquaient de la santé des hommes à eux confiés, prélevant sur l'ordinaire leurs menus plaisirs. D'autres, avec une joie féroce, les martyrisaient à l'abri d'un code barbare. Les moins coupables promenaient du quartier au cabaret leur nullité paresseuse.

Les deux conseils de guerre dont vous avez flétri les sentences iniques ne me semblent pas dépasser l'ordinaire scélératesse de ces tribunaux d'exception. Dites, si vous voulez, que rarement les juges fusilleurs opèrent avec autant d'éclat et sur une victime de cette importance. Mais c'est même besogne. C'est plus répugnant même et plus lâche. Car les petits soldats sur qui nos bons officiers se font la main n'ont ni amis, ni famille de taille à les défendre. Ce sont des enfants, des simples, des frustes, comme on dit, emmenés du foyer brusquement. A se trouver seuls, ainsi, loin du pays, sans soutien, sans argent, sans affection, le courage leur manque des fois. Et sous l'insulte ou la cruauté systématique des brutes avinées le geste de révolte leur échappe. Alors on leur casse la tête comme à des chiens. Seulement, pour que ce soit en règle, ces messieurs du conseil paraphent le meurtre. Et ils ne sont pas libres de s'y refuser, puisqu'ils appliquent un règlement. Leur crime n'est donc pas de commettre tel ou tel acte, mais de faire le métier qu'ils font.

Venons à la seconde phase de l'affaire, au coup de force politique pour étouffer le bruit, coûte que coûte. Comment expliquer, par l'imposture fortuite d'un magistrat ou de plusieurs, l'histoire qui se répète pareille depuis des années où les « scandales » se multiplient, flore naturelle de cette fin de régime? Laissez donc tranquilles les Mercier et les Billot. Ces gens sont ministres de la troisième République et ils font, avec un louable entêtement, leur devoir de ministres de la troisième République. Toutes les bourgeoisies, robe, épée, négoce et finance, sentent, en effet, d'une façon plus ou moins nette, qu'à chaque tare mise au jour, le prestige diminue et que la culbute est proche. Alors à leurs hommes politiques ces braves fils de 89 donnent le mot d'ordre : étouffement, ténèbres, bâillon, huis-clos. Et si c'est l'armée qui est en jeu, la consigne devient féroce. L'exil pour l'innocent, et la mort, et la torture plutôt qu'une tache au galon. « Ne touchez pas à l'armée », cette phrase blaguée restera le document très précieux sur l'effarement de la bourgeoisie mourante. Et c'est assez naturel. L'armée, c'est la défense quand même des privilèges et des ripailles, c'est le canon et la baïonnette, la force qui seule reste quand tous les prestiges sont partis.

Vous le voyez, monsieur Zola, les hommes que vous accusez sont de frêles marionnettes peu dignes de nos colères et de nos courages et qui s'effacent vite pour laisser voir derrière elles des institutions seules responsables, seules coupables. Pour peu que vous persistiez en votre tâche de justicier, c'est avec elles, face à face, que vous vous rencontrerez et qu'il faudra vous battre. Il est impossible que vous ne l'ayez pas éprouvé déjà depuis que vous menez cette campagne.

Aux assises, où vous pensez faire la lumière aisément, vous les trouverez encore, ces institutions mauvaises. Elles feront face au danger, représentées par des magistrats partiaux, des témoins menteurs, des jurés iniques, — tous s'engraissant du régime bourgeois et dévoués à sa défense.

Et si vous voulez vous défendre jusqu'au bout, il faudra bien que vous dénonciez cette coalition de sales intérêts, il faudra bien que vous frappiez plus haut et plus loin que vos accusations premières.

Puisque l'impérieuse logique de la lutte vous y contraint, pourquoi ne pas foncer d'abord sur l'ennemi véritable, du temps que vos forces sont fraîches? Et à ceux dont les volontés sont saines et courageuses, mais les cerveaux embrumés de préjugés, alourdis par la fatigue des écrasants labeurs, ceux-là à qui nous devons l'aide fraternelle de notre clairvoyance, pourquoi ne pas leur indiquer de suite la vraie source du mal ?

Après avoir analysé bien des cas pareils à celui qui vous préoccupe, c'est à ce dernier parti que nous nous sommes arrêtés, nous autres. On nous appelle, pour cela, rêveurs et songe-creux. Et nous sommes pourtant les seuls pratiques, nous qui marchons droit aux causes et n'espérons pas, sans toucher aux racines, extirper l'herbe mauvaise.

Et je suppose maintenant que les bourgeois de la cour d'assises — magistrats et jurés — conseillés de bonne politique ou pris de peur, vous donnent raison, se résignent à la lumière. J'admets que le capitaine innocent revienne d'exil et que les officiers coupables, généraux et ministres en tête, aillent prendre sa place. Qu'aurez-vous fait pour la justice, qu'aurez-vous fait pour la vérité? Ah! bien peu! En un passage de votre lettre vous dites : « Je ne veux pas être complice. Mes nuits seraient hantées par le spectre de l'Innocent qui expie là-bas, dans la plus affreuses des tortures, un crime qu'il n'a pas commis. » Est-ce que seules vous touchent les injustices dont vous connaissez l'histoire et le détail? Acceptez-vous la complicité des crimes et des tortures que vous savez aussi réels que la lumière du jour, mais dont vous ne pouvez nommer les victimes, ni préciser les circonstances? A l'heure où vous avez écrit ces lignes, des milliers d'innocents souffraient dans les tortures et mouraient par le crime.

Dans les geôles de l'armée, dans les bagnes du capital, sous la poigne de l'autorité, sous la caresse raccrocheuse des prêtres, chaque jour des milliers d'innocents se lamentent, s'exténuent, se révoltent et s'avilissent. Leurs corps se déforment et s'anémient, leurs âmes se corrompent, leurs cerveaux s'emplissent d'ombre, leurs énergies s'étiolent. Leur existence tout entière se consume en des labeurs d'esclaves et de brutes. Innocent peut-être de ce dont on l'accuse, Dreyfus est coupable, lui du moins, d'avoir choisi l'infamante livrée dont les hommes de cœur aujourd'hui ne veulent plus. S'il a trouvé la souffrance et l'injustice, c'est poursuivant la gloriole misérable et les honneurs du sabre. Ces milliers d'innocents, dont je parle, purs de toute ambition, ne souhaitaient que la paix et le bonheur simple par le travail utile.

Pourquoi ne prenez-vous pas leur défense? Leurs bourreaux, vous les connaissez pourtant, aussi bien que les persécuteurs de l'officier juif. Ce sont les rois de l'or, les princes de l'autorité, les démons de la politique. Vous ne pouvez, certes, les traîner tous en cours d'assises. Ce qui ne servirait pas à grand'chose, d'ailleurs. Mais ils ne sont pas invulnérables pour cela. Ils se résume en une puissance : le vieux monde. Et contre cette puissance, une accusation formidable, un geste menaçant monte de la terre. Tendez simplement votre bras dans la direction des autres et grossissez la clameur accusatrice.

Ne croyez pas qu'accuser le vieux monde, d'un mot ét d'un bloc, ce soit frapper à vide ou à faux. Il est des moments de l'Evolution où le départ s'établit net et facile entre le passé et l'avenir. C'est lorsqu'un certain nombre de rouages sociaux se trouvent usés ensemble et que cet encombrant résidu des siècles gêne les aspirations nouvelles.

Nous sommes à l'un de ces tournants d'où les révolutions apparaissent nécessaires et proches.

Après les équipées folles de l'enfance, après les luttes héroïques de la première jeunesse, l'Humanité vient aujourd'hui à la pleine conscience de soi-même. Rejetant les fables, les terreurs et les complications métaphysiques où il s'empêtra si longtemps, l'homme se simplifie jusqu'au rôle de producteur pour les besoins de son corps et de son intelligence.

Il veut enfin n'être que cela, mais tout cela et en jouir librement. Aux capitaines chamarrés, aux profonds politiques et aux marchands habiles il préfère le travailleur paisible de l'industrie et de la terre. Il ne croit plus qu'aux bonnes réalités, utiles et palpables de la science, du travail et de l'art.

Voilà le nouveau monde, voilà l'avenir. Et tout l'appareil des tutelles, des intermédiaires, et des hiérarchies — tant matérielles que morales — religion, pouvoir militaire et civil, capital et politique, voilà le vieux monde, voilà le passé, ce passé que l'Humanité traîne après elle et dont sa marche est ralentie !

Donc, sans crainte et sans remords, il faut les accuser, les condamner et les détruire, les institutions du passé, car toutes elles sont coupables — et d'un crime que rien ne lave, — coupables de se survivre à elles-mêmes, de rester debout malgré la volonté manifeste des hommes, immobilisant à des fonctions avilissantes, parce qu'inutiles, des énergies et des intelligences nécessaires ailleurs. Ces choses mortes à demi apportent parmi nous leur odeur de cadavre. Comme tout ce qui n'a plus ni vie réelle, ni raison d'être, elles se décomposent lentement par l'inaction où elles stagnent, et c'est d'où se développent hontes et scandales comme pustules sur un moribond. Comme tout ce qui cesse d'être utile, elles deviennent dangereuses.

Balayer cette pourriture, chasser ce danger, sans équivoque, sans restrictions, voilà l'œuvre nécessaire, actuelle. C'est le devoir impérieux de notre temps, auquel se doivent les meilleurs. Quand vous l'aurez compris, Monsieur Zola, quand vous voudrez le remplir, vous serez l'homme de votre art puissant et magnifique.

Et, pour finir, si ces lignes vous semblèrent parfois un peu rudes, veuillez les croire — comme elles sont — très sincères et très fraternelles.

CHARLES-ALBERT.

Bruxelles — Imprimerie de la Bibliothèque des Temps Nouveaux
51, rue des Éperonniers, Bruxelles.

HAUTSTOXT — Imprimerie de la Bibliothèque des Temps Nouveaux
51, rue des Eperonniers. Bruxelles.

PUBLICATIONS
DE LA
BIBLIOTHÈQUE DES *TEMPS NOUVEAUX*

1. CHARLES-ALBERT. — *Aux Anarchistes qui s'ignorent*. 0 05
2. PIERRE KROPOTKINE. — *L'Anarchie dans l'Évolution socialiste* . . . 0 05
3. ÉLISÉE RECLUS. — *L'Évolution légale et l'Anarchie*. 0 05
4. GEORGES ETIÉVANT. — *Un Anarchiste devant les Tribunaux* . . 0 05
5. GEORGES EEKHOUD. — *Burch Mitsu*. 0 05
6. PIERRE KROPOTKINE. — *L'inévitable Anarchie* 0 05
7. LÉON TOLSTOÏ. — *La Guerre et le Service obligatoire* 0 05
8. M. NETTLAU. — *Bibliographie de l'Anarchie* (préf. d'Élisée Reclus). 5 00
9. JACQUES MESNIL. — *Le Mouvement Anarchiste* 0 10
10. J. BURNS ET P. KROPOTKINE. — *La Grande Grève des Docks*. . . . 0 10
11. ENRICO MALATESTA. — *Gesprek tusschen Twee Boerenarbeiders* . 0 10

EN VENTE CHEZ TOUS LES DÉPOSITAIRES DES
JOURNAUX ANARCHISTES.

www.ingramcontent.com/pod-product-compliance
Lightning Source LLC
Chambersburg PA
CBHW060932050426
42453CB00010B/1971